JOÃO DA SILVA MENDONÇA FILHO, SDB

A MULHER QUE ACREDITOU

O *Magnificat* de Maria cantado hoje

COPIDESQUE: Leila C. Dinis Fernandes
REVISÃO: Elizabeth dos Santos Reis
DIAGRAMAÇÃO: Simone A. Ramos de Godoy
CAPA: Erasmo Ballot

Dados Internacionais de Catalogação na Publicação (CIP)
(Câmara Brasileira do Livro, SP, Brasil)

Mendonça Filho, João da Silva
    A mulher que acreditou: o Magnificat de Maria cantado hoje / João da Silva Mendonça Filho. – Aparecida, SP: Editora Santuário, 2005.

    Bibliografia.
    ISBN 85-369-0008-3

    1. Espiritualidade 2. Magnificat – Meditações 3. Maria, Virgem, Santa – Culto 4. Meditação 5. Oração 6. Vida espiritual I. Título.

05-5827   CDD-232.91

Índices para catálogo sistemático:

1. Magnificat: Espiritualidade mariana:
Cristianismo 232.91

Todos os direitos
reservados à **EDITORA SANTUÁRIO** — 2011

Composição, CTcP, impressão e acabamento:
EDITORA SANTUÁRIO - Rua Padre Claro Monteiro, 342
12570-000 — Aparecida-SP — Fone: (12) 3104-2000

SUMÁRIO

Apresentação 7

Primeira Notícia:
A ALEGRIA DO DOM DA ELEIÇÃO 15

1ª Reflexão:
Minha alma engrandece o Senhor 17
2ª Reflexão:
Eis que desde agora me chamarão feliz 25

Segunda Notícia:
O MISTÉRIO NÃO REVELADO,
MAS VIVIDO 33

3ª Reflexão:
Sua misericórdia passa
de geração em geração 35
4ª Reflexão:
Mostrou o poder de seu braço 43

Terceira Notícia:
A ECONOMIA DA SALVAÇÃO
NA MISSÃO 53

5ª Reflexão:
Derrubou os poderosos de seus tronos 55
6ª Reflexão:
Encheu de bens os famintos 63
7ª Reflexão:
Acolheu Israel, seu servo 69
8ª Reflexão:
Segundo o que prometera a nossos pais 77

Conclusão 85

Bibliografia 87

APRESENTAÇÃO

O argumento deste livro pode ser grandioso. Na verdade, quem o torna grande é a pessoa que respondeu generosamente ao apelo de Deus. Maria, a mãe de Jesus, a discípula amada por Deus. Nela, o *Senhor fez grandes maravilhas.*

Com ela, daremos um mergulho nos versos que o Evangelho de Lucas nos apresenta como composição sua. Neles, descobriremos a adesão de Maria ao projeto salvífico de Deus Pai. O que ela professou no *Magnificat* ecoa ainda hoje na vida de todos nós cristãos. Também nós somos chamados a sentir as maravilhas de Deus com o dever de proclamar essa realidade que aquece nosso coração e nos faz ir ao encontro dos outros.

O texto que agora você tem em mãos é uma meditação que nos compromete com a vocação batismal e suas conseqüentes opções. O *Magnificat* (Lc 1,46-55) é o grande ícone aplicado ao sentido da dignidade humana e da vocação. Nele e com ele, encontraremos muitas respostas, faremos muitas perguntas, daremos novo impulso ao sentido da consagração batismal, na novidade de um mundo em contínuas e profundas transformações. O *Magnificat* contém uma introdução (v. 46b-47), como grande louvor a Deus; um corpo (v. 48-53), que justifica os sentimentos de louvor; uma bela comunhão (v. 54-55), que nos diz por que Deus se autocomunica na história. É um hino que faz o coração arder e renascer.

Dividiremos o texto em três notícias, e sobre elas desenvolveremos nossas reflexões:

— Primeira Notícia:
A alegria do dom da eleição.

— Segunda Notícia:
O mistério não revelado, mas vivido.

— Terceira Notícia:
A economia da salvação na missão.

Quem são os destinatários deste texto? Todas as pessoas de boa vontade. Pensei nos milhares de leigos e leigas que vivem sua vocação batismal imersos no mundo; pensei nos religiosos e religiosas que, na vivência da fidelidade criativa, desejam um mundo mais irmão e mais justo; pensei nos padres e bispos que a cada dia partilham conosco o Pão da Vida; pensei nos jovens e nas jovens que buscam dizer sim a Deus.

No final de cada reflexão, você encontrará um salmo que será lido a partir de uma invocação mariana. Maria é a mãe de muitos nomes, porque ela quis chegar a todos os filhos. Ela é mãe Auxiliadora dos momentos difíceis; é Consoladora dos aflitos; é Imaculada Conceição num mundo erotizado; é mãe de Lourdes para os que buscam a Deus; é a afável mãe de Fátima para os puros de coração; é também Aparecida para os que vivem oprimidos; ela se revelou Guadalupana para os indígenas da América; mãe de todas as Graças para os que necessitam do perdão de Deus; é mãe do Perpétuo Socorro para os necessitados da proteção de Deus.

Espero que seja um texto auxiliar, um elemento a mais no espaço reservado para a formação permanente de todos nós.

E Maria rezou...

Minha alma engrandece o Senhor e rejubila meu espírito em Deus, meu Salvador, porque olhou para a humildade de sua serva. Eis que desde agora me chamarão feliz todas as gerações, porque grandes coisas fez em mim o Poderoso, cujo nome é santo. Sua misericórdia passa de geração em geração para os que o temem.
Mostrou o poder de seu braço e dispersou os que se orgulham de seus planos.
Derrubou os poderosos de seus tronos e exaltou os humildes.
Encheu de bens os famintos e aos ricos despediu de mãos vazias.
Acolheu Israel, seu servo, lembrando-se de sua misericórdia, segundo o que prometera a nossos pais, em favor de Abraão e de sua descendência para sempre.

Sobre a composição do texto

Para iniciar a comunicação das três notícias que envolvem o *Magnificat*, é preciso encarar a questão da autoria. Teria sido de fato Maria de Nazaré a autora deste hino? O hino aparece logo depois do encontro de Maria e Isabel (Lc 1,39-56). Isabel se regozija quando vê e escuta a saudação de Maria. Isto se assemelha ao fato do Antigo Testamento, quando Davi dançou e cantou diante da Arca da Aliança, que havia sido reconquistada das mãos dos Filisteus (2Sm 6,9). Contudo, a alegria de Isabel vai além disso: ela se alegra diante da mãe do Salvador, a primeira discípula. Neste sentido, Lucas, composto entre os anos 80-90, quer mostrar a centralidade de Jesus Cristo na história da Salvação, mostrando a figura de Maria como aquela que guarda a Palavra.

Por outro lado, o texto do *Magnificat* é muito semelhante ao cântico de Ana (1Sm 2,1-10), mulher estéril que pediu a Deus um filho e o consagrou a serviço do Templo. Maria não pede um filho, mas o aceita como *serva*. A estrutura do texto (verbos no passado) e a linguagem poderiam dar a autoria a Isabel. Ela, sim, era a estéril, envelhecida, sem chance de ter um filho. Maria, por sua vez, é jovem, noiva, e com condições para ter muitos filhos. Na verdade, Deus estava fazendo grandes coisas em Isabel. Mas a Tradição deu a Maria a autoria do hino. Aliás, as primeiras comunidades atribuíram a ela, a Mãe do Senhor, o louvor às maravilhas de Deus. Ela, Maria, expressava os sentimentos do povo, era porta-voz de seus sonhos e de seu desejo de libertação.

O texto é profético porque denuncia os erros do passado que humilham o povo no presente e, ao mesmo tempo, anuncia a transformação que está acontecendo com a encarnação do Verbo de Deus. O corpo do *Magnificat* manifesta toda a ação de Deus em favor dos simples, dos prisioneiros, dos cegos, dos aleijados, dos pecadores. Deus quer a salvação de todos e por isso usa de várias maneiras para se comunicar (Hb 1,1-4). Maria foi, assim, uma das formas de comunicação de Deus na história da humanidade; e os primeiros cristãos reconheceram nela a mulher forte que soube ouvir a voz de Deus e tudo guardou.

Primeira Notícia

A ALEGRIA DO DOM DA ELEIÇÃO

1ª REFLEXÃO
– Lc 1,47-48 –

Minha alma engrandece o Senhor e rejubila meu espírito em Deus, meu Salvador, porque olhou para a humildade de sua serva.

Maria é o modelo de discípula que sabe ouvir a Palavra e a coloca em prática. Sua voz ecoa num hino de júbilo diante de Isabel. O louvor de Maria desabrocha de seu *sim*. Um sim dialogado num clima de surpresa e medo, alegria e silêncio. Sua primeira expressão é de agradecimento. Ela compreende que o Todo-poderoso fixou nela o olhar e revela-se como Salvador. *Deus é salvador,* disto Maria é consciente e é *serva*. A eleição é exatamente a consciência de ser escolhida para uma **missão grande**. Porém, permanece sempre um *dom*, por isso ela se diz humilde; poderíamos também dizer, generosa.

É justa, então, a afirmação de que não podemos entender a profundidade do chamado de Deus sem a dimensão do *dom* em nossas vidas. Mas o que seria o dom? Aos poucos, fomos acostumando-nos com um estilo cultural baseado no dado empírico; tudo precisa ser tocado, descoberto, para ser aceito. Esta cultura do imediato nos tirou a capacidade da contemplação, da gratuidade, da generosidade. O dom da vida como vocação é exatamente a lógica da generosidade e da gratidão. Colocamo-nos diante de algo grande, *fundante*, e dizemos sim. Somos escolhidos por Deus num determinado momento de nossas vidas. Cada um sabe quando foi esse momento. Mas não se trata de algo estático; o chamado foi sendo esclarecido e aceito com o tempo. Encontramo-nos diante de um *presente*, de uma oferta; às vezes, não temos olhos nem ouvidos para mergulhar na profundidade desse dom. Então, é certo dizer que a vocação cristã depende muito da compreensão que nós vamos adquirindo do chamado de Deus à luz da fé. Sem fé não é possível aderir ao projeto de Deus. Nesse sentido, Maria é para nós o exemplo de generosidade. Ela aceita alegremente o dom como humilde serva. Eis a lógica de quem ama.

É na obediência, por conseguinte, que Maria responde ao apelo do anjo. *Faça-se* segundo sua vontade. Eis a expressão máxima de quem reconhece a eleição de Deus e não tem medo do futuro. Nisso, Maria exulta de *júbilo*. O júbilo é o reconhecimento prazeroso de ser a única entre tantas a ser eleita. A consagração batismal é para nós uma eleição jubilosa? Somos felizes e vivemos prazerosamente esse *dom*? Experimentamos a alegria de participar da fraternidade, "a ciranda eterna dos três que são todo dom e acolhimento, partilha e comunhão?" (*D. Frei Valfredo Tepe*, 2000, p. 161).

Maria obedece na fé. Uma fé pessoal sustentada pela tradição dos pais do povo de Israel: Abraão, Jacó, Isaac. Mas também de grandes mulheres: Ester, Judite, Ana, Sara, Débora, Agar, Isabel. Em que se fundamenta a resposta criativa que devemos dar hoje de nossa fé? Alguns dizem que liberdade é fazer tudo o que se quer. Será isso verdade? O cristão obedece na fé, será que ele é mais livre ou mais prisioneiro?

Na obediência, Maria mergulhou no Reino e passou a fazer parte do processo de conscientização de que até mesmo o Reino somente pode ser reconhecido quando existe, por parte das pessoas, o despojamento de todas as pretensões de sucesso isolado. O Deus-Conosco se faz presente na vida de Maria para ser apresentado a todos. Maria sabe que foi eleita para ser a intercessão nova de salvação para o povo que andava na escuridão. O cristão é chamado a ser *intercessão* num mundo que não sabe mais pedir, agradecer, perdoar.

Façam próprias as palavras do Cântico dos Cânticos 4,9-11, no diálogo com o amado que a chamou:

> "Arrebataste-me o coração, minha irmã e minha noiva, arrebataste-me o coração, com um só de teus olhares, com uma só jóia de teu colar.
> Como são ternos teus carinhos, minha

irmã e minha noiva! Tuas carícias são mais deliciosas que o vinho; teus perfumes, mais aromáticos que todos os bálsamos. Teus lábios, minha noiva, destilam néctar; em tua língua há mel e leite. Tuas vestes têm a fragrância do Líbano".

O Amante, Deus, regozija-se diante da beleza da amada. Ele sente o coração totalmente atraído, usa a expressão arrebatado, quer dizer, elevado, unido. Tudo na amada é atraente: olhar, jóias, carícias, perfumes, língua, vestes. São pontos eróticos que todos nós temos. É com tudo isso que nos relacionamos com Deus. Nada pode ser anulado ou reprimido. Ele se agrada com aquilo que somos e não com a negação das belezas de que Ele nos dotou desde o seio materno.

Eis o júbilo de Maria e o seu, o meu, o de todos nós! Todo o nosso ser está envolvido nessa ciranda da Trindade. Deus olha para nós e nos elege porque nos *ama* profundamente. Sentir-se amado é critério permanente de fidelidade vocacional. Quem não sente que arrebatou o coração de Deus jamais sentirá prazer em ser exclusivamente dele. Haverá sempre outros amores, outros olhares, outros encantos. Somos dele e isto nos basta.

Para rezar: Salmo 20

Quando você for à igreja de sua comunidade, coloque-se diante do Sacrário e reze:

Sinta a proteção de Deus muito perto. Ele nos envolve com seu amor de Pai compassivo e nos manda o auxílio de Maria Auxiliadora.

— Maria, mãe Auxiliadora dos cristãos, ajude-me a conhecer Jesus.

Ouça-te o Senhor no dia da provação, proteja-te o nome de Jacó. De seu santuário te mande auxílio e de Sião te sustente. Lembre-se de todos os teus sacrifícios e aceite teus holocaustos.

— Maria, Auxiliadora do povo cristão, ajude-me a amar Jesus.

Que ele te conceda o que teu coração deseja, dê sucesso a todo projeto teu, para podermos exultar por tua vitória e desfraldar estandartes em nome de nosso Deus; conceda-te o Senhor quanto lhe pedes.

— **Maria, Virgem Auxiliadora, ajude-me a ver Jesus.**

Agora sei que o Senhor salva seu consagrado; respondeu-lhe de seu santo céu com a força vitoriosa de sua mão direita. Uns confiam nos carros, outros nos cavalos, mas nossa força está no nome do Senhor nosso Deus.

— **Maria, advogada nossa, que eu seja testemunho de Jesus.**

Eles vão tropeçar e cair, mas nós ficaremos firmes em pé. Senhor, dá ao rei a vitória, atende-nos, quando te invocamos.

— **Maria, mãe Auxiliadora, ajude-me a conhecer, amar, ver e testemunhar Jesus.**

2ª REFLEXÃO
– Lc 1,48b-49 –

Eis que desde agora me chamarão feliz todas as gerações, porque grandes coisas fez em mim o Poderoso, cujo nome é santo.

Em continuação com a descoberta do chamado de Deus como *dom* de predileção, Maria reconhece sua alegria em ser *cheia de graça*. É interessante notar que nenhum outro personagem bíblico foi assim aclamado. A graça é o transbordamento da presença fecunda de Deus. São Paulo vai dizer que onde o pecado abundou, a graça superabundou. Como para Paulo a história se divide em duas partes (antes de Cristo a lei, a pedagoga; depois de Cristo, a adesão pela fé), é fácil dizer que a *graça* é tudo aquilo que dá novo sentido à humanidade sedenta de Deus, cujo nome Maria diz que é *santo*.

Em Maria, Deus se manifesta na superabundância do *dom* da vida, que se realiza nela como mulher e mãe. A maternidade traça, assim, os rumos da vida de Maria de Nazaré. Uma missão aparentemente comum, porém, marcada pela novidade do *Salvador* que ela traz no ventre; por isso, ela será *feliz*, bendita.

No novo milênio, existe um apelo à genialidade, a uma espécie de nova presença inserida nos bolsões de orfandade da humanidade, em que a violência, as drogas, a prostituição, a fragilidade da vivência da fé são frutos da falta de pai e mãe. A sociedade tirou das pessoas o núcleo fecundo da família como lugar de socialização e fraternidade; não ficou nada como suporte. Ora, o que estamos presenciando no atual contexto competitivo são os frutos dessa ausência. A humanidade está na orfandade. Maria trouxe o alento para uma sociedade desorientada. Hoje, somos nós quem devemos dar, desde o rosto materno de Deus, um novo alento aos que vivem sem esperança. Isto se constitui a novidade perene da dignidade e da vocação cristã.

Nesse sentido, a bem-aventurada Teresa de Calcutá nos traz uma lição de vida atualizada da *graça* de Deus, quando diz que "sua casa é a casa dos pobres, sua saúde são os pobres, sua oração são os pobres". Pessoas como Madre Teresa trazem ao mundo de hoje o alento da esperança e da certeza de que Deus nunca abandona seu povo.

É por isso que a *graça* abundante da vida batismal deveria suscitar personalidades fortes, destemidas, generosas, compassivas, criativas. Por isso, Maria é modelo de discípula, porque ela anuncia que Deus é *poderoso*, porque Ele está fazendo nela *grandes coisas*. Interessante este sentimento expresso no texto. O fato de ser mãe não a coloca na estrada do sofrimento, mas do milagre, da graça. Para Maria, o ato da gravidez, assim como está sendo feito, é uma ação querida por Deus desde sempre, tanto é que ela diz que Deus *fez* grandes coisas.

No ato da vocação, a pessoa eleita deveria reconhecer que Deus fez grandes coisas. É assim com você? O que Deus fez de maravilhoso em sua vida? O que Ele está fazendo? É possível ser proposta de vida nova sem a consciência de que a vocação é um ato de eleição dirigida à pessoa sem interferências e com o único privilégio de ser Deus o autor do chamado? Você foi tocado, visitado, amado, desejado, separado por Ele, o eterno Amante. Ele é poderoso!

Concluamos esta reflexão com as palavras do Cântico dos Cânticos 2,16-17:

"O meu amado é todo meu, e eu sou dele. Ele é um pastor entre lírios.
Antes que expire o dia e cresçam as sombras, volta, meu amado, imitando a gazela ou sua cria, para os montes escarpados".

Que beleza quando um cristão ou uma pessoa consagrada diz: meu amado é todo meu, e eu sou toda dele! É a exclusividade. Somente participando da experiência da transfiguração é que podemos entender em profundidade o significado de ser todo de Deus. Nisso, temos o exemplo no texto da transfiguração. Ali Jesus se transfigura; tudo é muito bonito e misterioso, porém, não termina ali. Foi apenas uma gota pequena que antecedia o manancial que brotaria de toda a sua vida. Os discípulos foram convidados a descer da montanha para dar de comer aos famintos, para servir aos doentes, para consolar os tristes, para anunciar a libertação, para dar a vida para que outros tivessem vida.

Também nós, neste eterno *Kairós*, somos chamados a reconhecer este amor de pertença exclusiva e comprometida. Nós sabemos que Ele jamais nos abandonará. Ele volta antes do pôr-do-sol. Ele volta, diz a amada, volta jubiloso, cheio de ansiedade para abraçar, beijar e acariciar a amada. Hoje, o Senhor nos ama e novamente nos chama! Hoje é o dia de nossa salvação. Não podemos esconder esse amor. É preciso amar, e quem ama partilha, transmite esperança, sonha com novos céus e novas terras.

Para rezar: Salmo 23

Deus prepara uma festa para aquele que lhe é fiel. Ele é o Bom Pastor que restaura nossas forças, que nos reúne em comunidade e nos alimenta com sua Palavra. Maria, mãe Consoladora dos aflitos, orienta-nos ao Bom Pastor.

— **Mãe Consoladora,
ajude-me a agradecer a Deus.**

O Senhor é meu pastor, nada me falta. Ele me faz descansar em verdes prados, a águas tranqüilas me conduz. Restaura minhas forças, guia-me pelo caminho certo, por amor de seu nome.

— **Mãe Consoladora dos aflitos,
fortaleça o coração do povo de Deus.**

Se eu tiver de andar por um vale escuro, não temerei mal nenhum, pois comigo estás. Teu bastão e teu cajado me dão segurança. Diante de mim preparas uma mesa aos olhos de meus inimigos; unges com óleo minha cabeça, meu cálice transborda.

— **Mãe Consoladora,
conduza-me nos caminhos de Deus.**

Felicidade e graça vão acompanhar-me todos os dias de minha vida e vou morar na casa do Senhor por muitíssimos anos.

— **Mãe Consoladora,**
    ajude-me a agradecer a Deus.

Segunda Notícia

O MISTÉRIO NÃO REVELADO, MAS VIVIDO

3ª REFLEXÃO
– Lc 1,50 –

Sua misericórdia passa de geração em geração para os que o temem.

A imagem de Deus que Maria revela não é a do juiz implacável, mas a do pai misericordioso. Numa nota da encíclica sobre a Misericórdia de Deus, João Paulo II dizia que a misericórdia é um sentimento materno. A mãe com o filho nos braços acalentando, amamentando e protegendo. Exatamente esta é a imagem de Deus que Maria tem ao dizer que a misericórdia de Deus passa de geração em geração. Ela faz uma leitura projetiva da história e reconhece que Deus é sempre materno. Interessante esta compreensão mariana. Não é simplesmente chamar a Deus de "deusa" como algumas pessoas estão fazendo.

A cultura bíblica, principalmente a veterotestamentária, passou-nos uma compreensão que atribui a Deus qualidades masculinas e femininas (MD, 8). Trata-se, pois, de uma linguagem antropormórfica típica da Bíblia. No texto de Isaías 66,13 isto é muito claro. O autor sagrado diz: "Como alguém que é consolado pela própria mãe, assim eu vos consolarei". Vemos que o significado mais expressivo da reciprocidade unida na Trindade e vivida em cada pessoa de maneira diferente, mas comunial. O Deus que gera a vida na criação é paterno e materno.

O Pai é misericórdia, criando, dando ordem às coisas, gerando o homem e a mulher como pessoas iguais e recíprocas. Nada se pode comparar na ordem da criação semelhante ao homem e à mulher. Tudo é perfeito, porém, ganha sentido na presença do diferente; homem e mulher Ele os criou. Isto é importante.

O Filho é fruto da misericórdia; "Ele será grande e será Filho do Altíssimo", diz o anjo a Maria. Jesus nos proporciona gestos de maternidade quando acolhe a criança; quando sente compaixão e chora com a morte de Lázaro; quando grita, como em dores de parto, na cruz, dizendo que tudo estava consumado. A vida estava para nascer das trevas da morte. E foi exatamente isto a Ressurreição.

O Espírito Santo ensina a Igreja a esperar o dia ideal. Ele é o mestre da prudência, da capacidade de gerar esperança, de vencer a dor no testemunho dos mártires. A Igreja cresceu gerando vidas a partir do martírio. Isto é fruto da ação trinitária.

Tudo isso nos coloca diante do *amor*, que passa de geração em geração. Um amor fecundo e casto. Hoje, mais do que nunca, a castidade cristã não pode ser um *não*. Jamais poderá ser um não à vida, ao prazer, um não ao amor. Deus é amor e um *sim* à vida, ao prazer. A vida batismal e a consagração religiosa não são a conjugação do sofrimento, do aniquilamento, da despersonalização. Ser de Deus é ser plenamente gente com todas as formas, sentimentos, energias e sonhos.

É nesta dinâmica do amor que as novas gerações reconhecerão que *Ele é santo*, porque nada é impossível para Deus, inclusive a misericórdia, quando falhamos ou deixamos de reconhecer que Ele fez grandes coisas em nós. Você deseja Deus de forma exclusiva? Como se manifesta no cotidiano este amor? Amar a todos e a todas as coisas e não amar ninguém constrói uma personalidade equilibrada?

Façamos eco à bela expressão do Cântico dos Cânticos 3,1-4:

"Em meu leito, durante a noite, busquei o amor de minha alma: procurei, mas não o encontrei. Hei de levantar-me e percorrer a cidade, as ruas e praças, procurando o amor de minha alma: procurei, mas não o encontrei. Encontraram-me os guardas que faziam a ronda pela cidade. Vistes o amor de minha alma? Apenas passara por eles. Quando encontrei meu amor, agarrei-me a ele e não o soltarei"...

A perda e o encontro do Primeiro Amor. Este é o drama desse versículo. A amada descobre que o amante sumiu. Subitamente ela se propõe a ir buscá-lo seja onde for. Traça um itinerário: cidade, ruas e praças. Quem procura o tesouro escondido tem de escarafunchar tudo. Nada passa despercebido. Cada um de nós no dia do batismo aderiu a este amor. Foi o Primeiro Amor. Um amor de adesão, pois Ele, o Amante, já nos amava desde sempre. No entanto, nos desvios que criamos em nosso itinerário vocacional perdemos o rumo desse amor. Como é fácil perder o Primeiro Amor. Basta ocupar o tempo com muitas coisas e deixar pouco tempo para estar com Ele na intimidade da oração. O ativismo exacerbado nos afasta de Deus.

O Primeiro Amor. Quem o perde sabe como dói. Contudo, Deus é sempre o Amante. Ele se deixa encontrar. Ele é o amor de nossa alma. Nada o pode arrancar de nós: nem a morte, nem as forças do mal, nem a infidelidade, nada! De tudo saímos vencedores, porque Ele é o protetor de nossas vidas. Qual seria então o segredo? Agarrar-se a esse Primeiro Amor com unhas e dentes.

Somos consagrados para *amar* a Deus servindo ao povo, mas em primeiro lugar está o Primeiro Amor. É ele que justifica nossa missão.

Para rezar: Salmo 32

A Imaculada Conceição de Maria nos diz que ela foi preservada do pecado por livre iniciativa de Deus. Ele, para quem nada é impossível, deu-nos uma mãe livre do mal. Que ela nos ajude a sermos puros.

— **Imaculada Maria,**
  ajude-me a tornar reto meu coração.

Feliz aquele cuja culpa foi cancelada e cujo pecado foi perdoado. Feliz o homem a quem o Senhor não atribui nenhum delito e em cujo espírito não há falsidade. Enquanto eu me calava, meus ossos se consumiam, eu gemia o dia inteiro.

— **Imaculada Maria,**
  ajude-me a tornar reto meu coração.

Pois, dia e noite, sobre mim pesava tua mão, como pelo calor do verão ia secando meu vigor. Revelei-te meu pecado, meu erro não escondi. Eu disse: "Confessarei ao Senhor minhas culpas", e tu perdoaste a malícia de meu pecado. Por isso a ti suplica todo fiel no tempo da angústia.

— **Conceição Imaculada,**
   interceda por mim junto a Deus.

Quando irrompem grandes águas, não o poderão atingir. Tu és meu refúgio, tu me preservas do perigo, tu me envolves no júbilo da salvação. Eu te farei sábio, eu te indicarei o caminho a seguir; com os olhos sobre ti, eu te darei conselho.

— **Imaculada Maria,**
   ajude-me a tornar reto meu coração.

Não sejas como o cavalo ou o jumento sem inteligência; se avanças para dominá-lo com freio e rédea, de ti não se aproximam. Serão muitas as dores do ímpio, mas a graça envolve quem confia no Senhor. Alegrai-vos no Senhor e exultai, ó justos, jubilai, vós todos, retos de coração.

— **Conceição Imaculada,**
   interceda por mim junto a Deus.

4ª REFLEXÃO

– Lc 1, 51 –

Mostrou o poder de seu braço e dispersou os que se orgulham de seus planos.

Este versículo parece contradizer o que acabamos de refletir sobre a misericórdia histórica de Deus. Maria afirma que Deus mostra o *poder* de seu braço, ou seja, Ele não deixa em branco os pecados do povo: castiga. Podemos olhar assim a história de Israel como um grande castigo de Deus em forma de pragas, de escravidão, de destruição, de divisões. Porém, este é o roteiro que a humanidade escreveu a partir dos fatos desenvolvidos diante da misericórdia de Deus, que se revelava em acontecimentos como a saída do Egito, a conquista da Terra Prometida, o reinado de Davi, de Salomão, de Josias, os profetas Elias, Isaías, Jeremias e outros que falam de um Deus que intercede, que anima, que recria constantemente o povo eleito. O que Maria profetiza é a confusão da humanidade que nega a presença materna de Deus em sua história. É a história sangrenta de um povo que mata o semelhante, que gera a discórdia e que luta pelo poder.

Deus manifesta na encarnação do *Verbo* seu eterno desígnio de salvação. Eis o ícone de Apocalipse 12. A mulher em parto e fugindo com o filho será a imagem da luta travada entre o poder de Deus e os orgulhosos. Assim como a mulher vence o mal, protege o filho e esmaga o dragão, Maria anuncia que Deus é o único Senhor entre o céu e a terra e que nenhum projeto humano será capaz de vencer a força misericordiosa de seu amor salvífico. Por isso, Jesus grita *Abba*, Paizinho!

O mistério da salvação acontece independentemente de nossa ação. Porém, se Maria foi eleita para tornar o Verbo semelhante a nós, é porque Deus quer nossa colaboração nesta missão. Mais ainda, Ele nos quis exclusivamente dele. Por isso, chama-nos pelo nome, separa-nos, revela-nos aos poucos um amor de predileção, ensina-nos a ter paciência conosco mesmos, a respeitar nossas incongruências, a sermos amantes. Não podemos entender isso em sua profundidade. Alguns religiosos chegaram até a pregar uma igualdade nivelada com os outros cristãos, porque não era justo sentirmo-nos diferentes. Isto em parte é certo. Não somos melhores nem piores do que os outros cristãos, mas o fato de sermos religiosos, exclusivos de Deus, coloca-nos como a lâmpada em cima da mesa, o sal na comida, como pessoas que fazem a experiência da transfiguração, mas que descem da montanha para lavar os pés da humanidade. Somos servas e servos de um Deus que ama até o sacrifício.

O fato de assumirmos publicamente um pacto com Deus de castidade nos coloca diante do povo e no coração da Igreja como sinal da vida futura, em que todos serão tudo em todos. Isto incomoda porque estamos numa sociedade marcadamente erótica. Nossos guias humanos são erotizados e erotizadores: audição, visão, olfato, tato. Eis o instrumental com o qual nos comunicamos com o mundo e com as pessoas. Como estamos usando tudo isso? Somos conscientes de nossa erotização? Como ser afetivo na erotização? Na vida fraterna atual é preciso refletir sobre a castidade. Não aquela castidade preocupada com a fornicação unicamente, mas aquela que educa para o amor esponsal.

Aqui aparece o sentido do mistério da vida como vocação. O que seria o mistério vocacional? Isto é importante. De uns tempos para cá fomos perdendo o sentido do mistério em nossas vidas. Aliás, já se chegou a desmitificar o valor do mistério. Houve uma tentativa titânica de explicar tudo a partir da razão, do matemático. Isto nos levou ao absurdo, ou seja, a uma total falta de sentido, no qual Deus era o inacessível, um *verdadeiro vazio do ser humano*. Esta crua realidade tornou o coração das pessoas enrijecido, orgulhoso, frio, incapaz de abrir-se ao sentido da vida como serviço aos outros. Não existe apelo, chamado, numa vida sem sentido. Existe apenas uma cova aberta onde a pessoa se lança desesperadamente. O mistério resgata o significado, o sentido. Quem tem um significado para existir, vence qualquer dificuldade, é capaz de atos heróicos e descobre o absoluto, Deus! A vocação cristã como a vida religiosa consagrada têm para nós um grande significado. Ela é absoluta, porque nela está presente o Absoluto, o totalmente *outro* que nos faz exclusivamente dele. Contudo, trata-se de um mistério ainda não revelado. Nós o vivemos na gratuidade. É no cotidiano que aprendemos a louvar a Deus pela vocação recebida. Cavando em nossas histórias pessoais, vamos contemplando a beleza, a profundidade e a largueza desse apelo que nos chega de formas tão diversas e surpreendentes.

Por isso, quando um cristão ou um religioso começa a esvaziar a vocação, querendo explicar em detalhes o sentido da consagração, é sinal de que precisa urgentemente recuperar o sentido do mistério na própria vida. E, como acabamos de analisar, o mistério está em crise. Vivemos na era da técnica e da matéria. Queremos pretender saber de tudo, ter uma sabedoria universal. Pura ilusão! Um profissional precisa dominar sua área, ser qualificado. Uma religiosa precisa ser qualificada para poder viver os planos de Deus na construção do Reino de Deus.

Ouçamos o que nos diz o Cântico dos Cânticos 5,9-11:

"O que distingue dos outros teu amado, ó mais bela entre as mulheres? O que distingue dos outros teu amado, para que assim nos conjures? Meu amado é branco e corado, inconfundível entre milhares: Sua cabeça é ouro puro, a cabeleira é como leques de palmeira, é negra como o corvo. Seus olhos são pombos, junto aos cursos de água, banhando-se em leite, detendo-se no remanso"...

Em nossas vidas podem surgir outros amores. Como de fato acontece. Não é difícil ver leigos, irmãs, padres, bispos, deixarem tudo. Não vamos condenar nem apontar ninguém. Vamos apenas refletir sobre o fato. O Amado nos questiona: O que distingue o Primeiro Amor de tantos outros amores? O apostolado é um amor. Cada cristão procura fazer o melhor possível. Muito de nosso tempo é gasto dedicando tempo a reuniões, a planos, a ações. Outro amor é a comunidade. Ela precisa de nossa presença, de nossa solidariedade. É o amor de Cristo que nos congrega. Outro amor são as amizades que temos. Somos humanos e precisamos também de atenção, de carinho, de confiança. A grande questão é: o Primeiro Amor é a síntese desses amores? Tudo parte dele? Sabemos separar bem as coisas?

Deus nos quer todo dele. É um Deus zeloso! A amada descreve o Amante como o mais perfeito, inconfundível. Quem ama de verdade não trai. Quem ama é capaz de sonhar com os olhos abertos, ver beleza onde os outros não vêem, dizer coisas que os outros não conseguem entender. Em tempos de profundas mudanças, somos chamados a amar de verdade. *Quem ama,* diz João, *não peca* (cf. 1Jo 1,7s). Pecar é esquecer o Primeiro Amor e prostituir-se com outros amores, pensando que assim é mais fiel.

Creio que cabe aqui gastar umas linhas dizendo que a infidelidade não é algo que entra em nossos corações e detona o Primeiro Amor. Ser infiel é criar dentro de si um laboratório de fantasias. Primeiro, pretendemos vencer o mundo com nossas forças e inteligência. Criamos uma independência de tudo e de todos, principalmente de Deus. Viramos narcisos. Ficamos contemplando-nos, amando-nos. Um segundo produto deste laboratório é a inveja. Não sabemos mais olhar para os outros com carinho. Vamos aos poucos nos acostumando a arrasar. Dificilmente aprendemos a construir; depois caímos na rotina em que tudo parece enfadonho e com o peso do sacrifício. Aí surgem as queixas, os limites, as fugas.

Para rezar: Salmo 46

Os simples confiam na proteção de Deus, e o sentem perto sempre que se sentem frágeis. Em Fátima, Maria nos ensinou a confiar na misericórdia de Deus.

— Nossa Senhora de Fátima,
ensine-me a rezar.

Deus é para nós refúgio e força, defensor poderoso no perigo. Por isso não temos medo se a terra treme, se os montes desmoronam no fundo do mar. Que se agitem espumando suas águas, tremam os montes por seu furor. Um rio com seus canais alegram a cidade de Deus, a santa morada do Altíssimo.

— Virgem de Fátima,
seja nossa intercessora junto de Deus.

Nela Deus está: não poderá vacilar, Deus vai socorrê-la, antes que amanheça. As nações se agitam, os reinos se abalam; ele trovejou, a terra se dissolve. O Senhor dos exércitos está conosco, nosso refúgio é o Deus de Jacó. Vinde e vede as obras do Senhor, ele fez prodígios sobre a terra.

— Nossa Senhora de Fátima,
ensine-me a rezar.

Acabará com as guerras até os confins da terra, quebrará os arcos e partirá as lanças, queimará no fogo os carros de guerra. Parai e sabei que eu sou Deus, excelso entre as nações, excelso sobre a terra. O Senhor dos exércitos está conosco, nosso refúgio é o Deus de Jacó.

— Virgem de Fátima,
seja nossa intercessora junto de Deus.

Terceira Notícia

A ECONOMIA DA SALVAÇÃO NA MISSÃO

5ª REFLEXÃO
– Lc 1,52 –

Derrubou os poderosos de seus tronos e exaltou os humildes.

A vida cristã e as pessoas religiosas encontram no profetismo seu ícone. Numa época não muito distante, o tema da profecia chegou a criar crises internas na Igreja. Talvez uma interpretação da profecia como condenação, dentro de um contexto de crise política e de mudança institucional da Igreja, ajudou a criar apenas uma imagem unilateral do profetismo. Foi uma passagem necessária. Hoje, porém, percebemos certo cansaço, medo; estamos sem profetas.

Neste sentido, Jesus Cristo nos ilumina quando, no encontro com várias pessoas ou narrando parábolas, mostra uma compreensão inovadora para com a mulher. Elas eram as humildes de seu tempo. A Samaritana, que tira água do poço e dialoga com Ele, é a imagem da abertura da salvação a todos os povos; Madalena, que é levada para o centro da praça para ser apedrejada e acaba sendo perdoada por Ele, significa que o Reino não é excludente; as mulheres que anunciam que Ele ressuscitou dos mortos expressam o caráter apostólico das mulheres na Igreja primitiva, "apóstolas dos apóstolos" (MD, 16). Também os homens foram abordados por Jesus nessa perspectiva: Nicodemos, Zaqueu, Mateus, Pedro, Paulo.

Maria nos diz que Deus, na encarnação do Verbo, *derrubou* tudo aquilo que parecia poder de sedução do mal. Uma compreensão teológica antiga fazia entender a missão da Igreja como a única salvação possível, como se Deus não agisse fora de nossas normas, ritos e valores. O profetismo vem dizer exatamente o contrário. A ação de Deus passa pela eleição dos humildes e através dela manifesta seu poder. O poder de Deus não vem dos tronos dos poderosos. Estes são aqueles e aquelas que querem destruir a harmonia da criação. A ausência hoje de uma ética universal é a expressão desta realidade de dominação. Precisamos salvar o que nos resta do planeta chamado Terra. Para tanto, a ação profética se faz necessária desde a ótica dos humildes.

O empobrecimento hoje é uma das pragas sociais mais graves. Estigmatizado pela fome e pela morte, o ser pobre passou a ser o grande contraste com o mundo "fashion" e do glamour. Ao lado do luxo de poucos estão os *Lázaros* famintos, os *Bartimeus* da beira do caminho, as prostitutas de grife e da zona livre, as mulas do consumo e do narcotráfico, os homicidas e os suicidas em potencial. Estes são os humildes de hoje. Essas novas pobrezas gritam aos céus pedindo justiça. Deus nos faz pobres, livres para sermos profetas. O que estamos fazendo com este dom da pobreza? O leigo e a religiosa pobres não são aqueles que permanecem escondidos no isolamento, porque o pobre deve aparecer para ser sinal de contradição.

É preciso olhar nos olhos do rico para que ele se torne pobre. Ricos são todos aqueles que se fecham em seus castelos humanos, em suas mansões protegidas por muralhas, em suas contas bancárias gordas e ilícitas. Rico é quem pensa que já cumpre todos os mandamentos, mas não quer assumir a causa do humilde. Evidentemente que a riqueza material de poucos é um escândalo terrível, mas não podemos esperar deles uma transformação em massa. É preciso ser livre da riqueza que cega e torna insensível. Você é um leigo ou pessoa consagrada sensível? Você sente a dor do mundo? Seu tempo é gasto na construção do Reino?

Deus ama o pobre e exalta o humilde. É assim que o Cântico dos Cânticos 2,3 nos ensina o amor:

"Como a macieira entre árvores silvestres é, entre os jovens, meu amado. A sua sombra eu quisera sentar-me, pois seu fruto é saboroso a meu paladar".

Interessante essa comparação. A amada relativiza todos os outros belos homens. O mais belo entre os filhos de homens é o amado. Ela sabe como é prazeroso estar com ele e se alimentar de seus frutos. Quais seriam os frutos de Deus? Certamente a Palavra acompanhada de gestos de libertação. A Palavra de Deus é para nós o pãozinho cotidiano que precisamos mastigar bem para sentir o gosto de todos os ingredientes. Somente assim poderemos encher o coração de alegria para falar a Ele sobre aquilo que preenche o coração. Na vida de um cristão a Palavra é cotidiana e abundante. O que fazemos com toda esta riqueza? Da manhã até o pôr-do-sol escutamos falar de Deus. Como tudo isso é digerido?

Outro fruto são os gestos de Deus. A Palavra não chega sozinha. Ela é como a chuva que cai, que penetra a terra e depois volta em gestos. Jesus era mestre em gestos: curava, tocava, abençoava. Nele estavam unidas a Palavra e os gestos. Era a Revelação em sua plenitude. Um amor que faz sombra e que nos deixa descansar em paz. Como é bom sentar à sombra do Altíssimo. "A sombra do Altíssimo te cobrirá", disse o anjo a Maria.

Trata-se, pois, de uma sombra protetora, envolvente, que nos faz ouvinte da Palavra e comunicadores da Boa-Notícia.

Para rezar: Salmo 17,1-9.15

O cristão sabe que Deus nunca o deixará sozinho. Este salmo recorda-nos o sentido da proteção de Deus. Maria, mãe Aparecida, veio confirmar-nos que Deus escuta as preces e protege o humilde.

— **Mãe Aparecida,
    ajude-me a ter esperança.**

Acolhe, Senhor, minha justa causa, sê atento a minha súplica. Presta ouvidos a minha prece: pois em meus lábios não há engano. Venha de ti minha sentença, teus olhos vejam o que é justo. Prova meu coração, sonda-o de noite, prova-me no fogo: em mim não encontrarás malícia.

— **Virgem Aparecida,
    abençoe minha família.**

Minha boca não se tornou culpada, conforme agem os homens; seguindo a palavra de teus lábios, evitei os caminhos do violento. Meus passos se mantiveram firmes em teus rastos, e meus pés não vacilaram. Eu te invoco, meu Deus, dá-me resposta; presta ouvidos, escuta minha voz.

— **Que eu seja fiel, ó mãe Aparecida, a seu filho Jesus.**

Mostra-me os prodígios de teu amor; tu que salvas dos inimigos os que se refugiam a tua direita. Guarda-me como a pupila dos olhos, protege-me na sombra de tuas asas, diante dos ímpios que me oprimem, dos inimigos que me rodeiam com furor.

— **Mãe Aparecida, ajude-me a ter esperança.**

Eu, pela justiça, contemplarei teu rosto; ao despertar me saciarei com tua presença.

6ª REFLEXÃO
– Lc 1,53 –

Encheu de bens os famintos e aos ricos despediu de mãos vazias.

Quando o jovem rico se aproxima de Jesus perguntando sobre a vida eterna e afirma viver os mandamentos desde pequeno, Jesus retruca dizendo que falta ainda um gesto mais radical: deixar tudo, entregar os bens aos pobres e, assim, despojado, segui-lo. O jovem rico resiste e vai embora. Porém, diz Mateus, Jesus olhou e o amou. O amor de Jesus é incondicional; nossa resposta é que muitas vezes está condicionada por nossas riquezas, que podem ser simbolizadas pelas fraquezas, limitações, mazelas. O fato é que Deus enche os famintos de *bens*. Quais seriam estes bens?

É Maria quem proclama esta versão da história. Ela faz parte dos últimos, dos *Anawis* de *Yahvé*. Famintos continuam sendo aqueles que não têm terra, que não têm pão, teto, saúde, vida digna. Estão vazios e desprovidos de tudo. É Jesus, também em Mateus, quem convoca os últimos a se colocarem em marcha para a conquista dos bens. As bem-aventuranças do Reino nada mais são do que o chamado a sair em marcha rumo à Terra Prometida.

Os famintos são também aqueles que esperam novos céus e novas terras. Na perspectiva da novidade do Reino que os evangelistas anunciam, os famintos descobrem o Reino, a salvação esperada e realizada em Jesus Cristo. Quer um exemplo? Inácio de Antioquia (+107 d.C.), levado a Roma para ser julgado e morto, descobre que alguns cristãos influentes queriam e estavam planejando sua liberdade. Sabendo desta iniciativa, ele escreve uma carta na qual afirma: "Nada façam por minha liberdade... os poderosos do mundo não podem contra Deus. Nada me importa, nem riquezas, nem poder, nem glória... desejo ver o Deus da vida. *Sou trigo e quero ser triturado pelos leões para me transformar no pão da vida*".

A fome de Deus é uma necessidade básica para uma fé sólida. Talvez seja esse o grande problema de muitas pessoas que buscam numa mística descomprometida um deus cósmico, distante, que mexe com o futuro segundo nossos sonhos. A quarta onda religiosa, a Nova Era, é a forma atual de muitos que estão cheios de nada e vazios de tudo.

Maria diz ainda que Deus despede os ricos de mãos vazias. O homem rico não consegue deixar tudo; sai vazio, com as mãos vazias. O orgulho deixa-nos vazios, sozinhos, isolados.

É o Cântico dos Cânticos 8,2-3 que nos ilumina nesta tarefa:

> "Eu me farei teu guia para introduzir-te na casa de minha mãe, que me criou; dar-te-ei a beber vinho aromático e suco de minhas romãs. Sua esquerda apóia minha cabeça, e sua direita me abraça".

A casa de minha mãe é a Igreja. Nela encontramos os sinais da presença efetiva de Deus. Para o cristão não existe outra casa mais importante que a Igreja. Não simplesmente aquela casa de tijolos, mas a Igreja que somos todos nós, povo de Deus. Somos o templo de Deus. Aqui, nesta casa, começa a conversão, onde o vinho é sempre gostoso e de primeira qualidade. Porém, para ser uma vinha produtiva, precisamos ser pessoas corajosas, ousadas, criativas. Nosso único apoio é Deus e não as estruturas físicas de nossos institutos. Quem relativiza o absoluto pensando que assim está salvando a vida consagrada, perde tempo e energia, acabará frustrado.

As estruturas são necessárias porque não somos anjos. Precisamos de apoio, mas tudo isso é sempre relativo. Não somos funcionários a tempo pleno. Somos exclusivos ao Primeiro Amor. É a partir dele que daremos às estruturas um novo rosto, colocaremos roupas novas, trocaremos as jóias desgastadas, herdaremos conscientemente um passado que é um tesouro a ser valorizado, multiplicado, partilhado.

Para rezar: Salmo 19,1-10.14-15

O Senhor conforta o justo e alegra o coração daquele que o ama. Os céus dão testemunho das obras maravilhosas de

Deus. Maria, mãe de Guadalupe, veio trazer-nos a certeza da salvação de Deus para todos os seus filhos.

— **Virgem de Guadalupe,**
   ajude-me a ser filho seu.

Os céus narram a glória de Deus, o firmamento anuncia a obra de suas mãos. O dia transmite ao dia a mensagem, e a noite conta a notícia a outra noite. Não é uma fala, nem são palavras, não se escuta sua voz. Por toda a terra difundiu-se sua voz e aos confins do mundo chegou sua palavra.

— **Que eu saiba, Maria,**
   seguir os passos de Jesus.

Lá ele armou uma tenda para o sol, que surge como o esposo do quarto nupcial; exulta como um herói que percorre o caminho. Ele nasce de uma extremidade do céu e sua corrida alcança o outro extremo; nada escapa a seu calor.

— Virgem de Guadalupe,
   ajude-me a ser filho seu.

A lei do Senhor é perfeita, conforto para a alma; o testemunho do Senhor é verdadeiro, torna sábios os pequenos. As ordens do Senhor são justas, alegram o coração; os mandamentos do Senhor são retos, iluminam os olhos. O temor do Senhor é puro, dura para sempre; os juízos do Senhor são fiéis e justos.

— Que eu saiba, Maria,
   seguir os passos de Jesus.

Também do orgulho salva teu servo, para que não me domine; então serei irrepreensível e imune do grande pecado. Digna-te aceitar as palavras de minha boca, cheguem a tua presença os pensamentos de meu coração. Senhor, meu rochedo e meu libertador.

— Virgem de Guadalupe,
   ajude-me a ser filho seu.

7ª REFLEXÃO
– Lc 1,54 –

Acolheu Israel, seu servo, lembrando-se de sua misericórdia.

Maria personaliza o povo de Israel, que acolhe a novidade presente na encarnação do Verbo. A ação de Deus acontece de forma linear. Ele derruba os poderosos, sacia os famintos e acolhe seu servo. Trata-se de uma leitura dinâmica da história da Salvação, na qual o Poderoso se manifesta junto aos mais carentes. É ali o espaço da missão. O chamado para participar deste processo salvífico revela-se na missão que o batismo nos confere.

O novo milênio já foi manchado com sangue. Existe uma crise de identidade, de ética e de formas de vida, de poder. A visão do mundo é global, eficientista. Nada escapa dos holofotes da fama e do consumo. Cada vez mais as pessoas com menos recursos serão mais excluídas das formas de vida. A tendência é criar um nível de cultura e bem-estar com poucas pessoas fazendo parte. É a diminuição dos comensais à mesa da vida. Mais uma vez, a parábola do pobre Lázaro e do rico egoísta ganhará os palcos da vida no sistema neoliberal. Os desafios são muitos.

Maria diz que Deus acolhe Israel porque lembra de sua misericórdia. Interessante esse fato. Qual seria a lembrança de Deus? É em Hebreus (1,1s.) que vamos ter uma resposta a essa questão; lá encontramos o texto que diz: "Muitas vezes e de modos diversos, falou Deus outrora a nossos pais pelos profetas. Nos últimos dias nos falou pelo Filho". Deus usou de vários mecanismos para comunicar às mulheres e aos homens seu amor de compaixão.

Na história de algumas mulheres, podemos ver isso claramente. Débora, por exemplo, presente no tempo dos juízes, sentada debaixo de uma árvore, interpretava os sinais e julgava as situações mais complicadas, dando luz às dúvidas do povo; Agar, a mulher sofrida de Abraão, que foi colocada para fora de casa e teve o filho no deserto, simboliza a mulher forte e confiante em Deus; Ester, a rainha que intercede pelo povo diante do poderoso rei e consegue a liberdade. São todas figuras importantes e influentes na história da salvação.

Deus, diz Maria, lembra de tudo isso e atua com misericórdia, enviando seu Filho, o Salvador, que ela carrega no ventre. Eis o sentido dessa lembrança. Em Jesus existe a autocomunicação de Deus, que passa necessariamente pela figura de Maria, a mulher que simboliza a geração das grandes personagens femininas do Antigo Testamento, abrindo a porta que Eva fechou com a tentação de querer ser como Deus.

Hoje, o cristão é chamado a dar continuidade, no dinamismo mesmo dos acontecimentos, a seu papel de protagonista nos rumos da história da salvação. Deus nos confia a tarefa de humanizar o ser humano neste momento da técnica e do materialismo.

Lembrando da misericórdia de Deus que é amor gratuito, rezemos com o Cântico dos Cânticos 8,10:

"Agora já sou uma muralha, e meus seios são como torres. E assim tornei-me a seus olhos a mulher a encontrar a paz".

A comparação que o poeta faz de um corpo sadio e jovial, com a possível marca do tempo que fragiliza tudo, faz pensar que um dom que precisamos pedir ao Espírito Santo, o eterno Amor, é a fortaleza. Precisamos ser fortes. Uma muralha que resiste às tempestades, ao desejo de consumo, ao efêmero, ao pessimismo.

Para isso, precisamos nos exercitar, ter uma ascese, uma disciplina. É preciso malhar, portanto! Malhar a mente para que ela não se embruteça e fique esclerosada; malhar os olhos para que eles saibam ver sempre as necessidades de todos; malhar as mãos para que elas não fiquem agarradas umas às outras, impedindo-nos de abri-las aos outros; malhar os pés para que eles não tenham medo de ousar e avançar; malhar o coração para que ele não fique congelado e impedido de amar. Enfim, malhar o corpo para que ele tenha saúde suficiente para acolher, louvar e comunicar o amor misericordioso de Deus.

Quem procura a santidade na facilidade do cotidiano se encontrará com um gozo efêmero. Tudo passa nesta vida. É preciso encontrar a paz na fortaleza de um verdadeiro amor. Jesus nos revelou que Deus é forte nos pequenos, naquilo que é desprezível pelos poderosos do mundo. É no grão de mostarda que está a força de Deus. Podemos até dizer assim: pequena semente, grande árvore. É isto que a mostarda é, e cada um de nós está chamado a ser.

Para rezar: Salmo 27,1-6.13-14

A confiança em Deus é provada todos os dias. Muitas são as tentações que podem afastar-nos de Deus, mas o cristão confia e renova sempre a incondicional esperança no Deus que nos abriga e protege. Maria, mãe de todas as Graças, é aquela que nos ajuda a não cair no desespero.

— Mãe de todas as Graças,
ensine-me a confiar em seu Filho.

O Senhor é minha luz e minha salvação; de quem terei medo? O Senhor é quem defende minha vida; a quem temerei? Quando me assaltam os malvados para devorar-me a carne, são eles os adversários e inimigos, que tropeçam e caem.

— Mãe das Graças,
ensine-me a dizer SIM.

Se contra mim acampa um exército, meu coração não teme; se contra mim ferve o combate, mesmo então tenho confiança. Uma só coisa pedi ao Senhor, só isto desejo: poder morar na casa do Senhor, todos os dias de minha vida; poder gozar da suavidade do Senhor e contemplar seu santuário.

— Mãe de todas as Graças,
ensine-me a confiar em seu Filho.

Ele me dá abrigo em sua tenda no dia da desgraça. Esconde-me em sua morada, sobre o rochedo me eleva. E agora levanto a cabeça sobre os inimigos que me rodeiam; imolarei em sua casa sacrifícios de louvor, hinos de alegria cantarei ao Senhor.

— Mãe das Graças,
  ensine-me a dizer SIM.

Tenho certeza de que vou contemplar a bondade do Senhor na terra dos vivos. Espera no Senhor, sê forte, firme-se teu coração e espera no Senhor.

— Mãe de todas as Graças,
  ensine-me a confiar em seu Filho.

8ª REFLEXÃO

– Lc 1,55 –

Segundo o que prometera a nossos pais, em favor de Abraão e de sua descendência para sempre.

A promessa antiga do Salvador, tantas vezes recordada no Antigo Testamento, faz-se realidade na encarnação do Verbo em Maria. Abraão foi o símbolo desta expectativa. Ele esperou contra toda esperança. Na velhice, gerou um filho e foi provado na fé, considerado como justo. Todos lembram dele como o homem justo. Paulo faz uma leitura crítica da promessa a partir da fé de Abraão. O que vimos no versículo anterior desdobra-se nesta expressão de Maria. A tensão contida na promessa de salvação: "Eis que uma virgem dará à luz um filho" (Mq 5), e também presente em Isaías, torna-se realidade neste final do *Magnificat*. Maria consegue sintetizar a história da promessa, proclamando a irrupção de Deus no anúncio que ela acabara de receber e que Isabel reconhece, dizendo: "Bendita és tu entre as mulheres e bendito o fruto de teu ventre; como é possível que a Mãe de meu Senhor me venha visitar?" Eis a chave da promessa. Maria é agora a nova Arca da Aliança. A mulher, simbolizada em Maria, "encontra-se no coração deste evento" (MD, 3).

Assim como Davi dançou diante da Arca e a levou para o centro da cidade santa, Maria é colocada como a portadora do único tesouro que Israel sempre quis proteger. Ela, Maria, é o lugar do encontro com o Criador. Maria, neste momento, é o lugar teológico do encontro com Deus. Interessante como Isabel e Maria cruzam o Antigo e o Novo Testamento. A primeira simboliza o Antigo, o velho, que é recriado na gravidez. Isabel traz a vida dentro de si. Nela, está sendo gerada a voz que vai clamar no deserto a preparação de todos para a chegada do Messias. A segunda representa o novo povo de Deus, que refunda o sentido da esperança em Israel.

Desde a concepção está concentrado em Maria o sentido salvífico da obra de Jesus de Nazaré. Infelizmente, ou podemos até dizer providencialmente, a compreensão desta verdade virá mais tarde com a reconstituição das palavras e dos gestos de Jesus que a comunidade primitiva foi elaborando, da qual nós hoje somos herdeiros.

Isto nos coloca diante da missão da Igreja de forma responsável e consciente. Temos todos um papel importante. Contudo, o modelo de Igreja não é claro. Um de nossos teólogos, o Pe. Libânio, defende a tese de que vivemos com vários cenários eclesiais. Um tipo de cenário é o da *Instituição* com a bandeira da verdade e dos dogmas; outro é aquele da *pregação*, tendo como eixo uma espiritualidade mais intimista, de massa e menos comunitária; outro cenário é o da *práxis libertadora* concentrada nas pequenas comunidades, na fraternidade, nas lutas populares. Todos eles são possíveis neste vasto campo do Senhor.

O problema é o desenho de vida religiosa e cristã que cada cenário está gerando. Se caminharmos com o modelo institucional, teremos um fechamento dos religiosos e dos cristãos em suas comunidades, paróquias, conventos e obras; no seguimento do segundo cenário, teremos religiosos cada vez mais identificados com as várias espiritualidades, sem um referencial próprio do carisma fundacional, e cristãos desorientados; caso seja o terceiro, teremos uma vida religiosa muito mais reduzida em número de membros, porém, muito mais presente nas periferias e nos centros dos problemas humanos atuais, e comunidades cristãs mais conscientes e menos massa. Para qual cenário você está caminhando?

Concluamos com as palavras do Cântico dos Cânticos 6,10:

> "Quem é esta que surge como a aurora, bela como a luz, brilhante como o sol, esplêndida como as constelações?"

O júbilo da vocação batismal deveria tornar-nos como a aurora, sempre nova e bela, cheia de cores, de luzes. É um verdadeiro milagre. Viver no mundo sendo luz e sal no meio de tantas noites. As noites escuras de nossas vidas! À noite tudo parece sombra, as estrelas brilham, as pessoas procuram colo, os amantes se curtem, há quem procure Deus na oração.

No entanto, tudo depende de como olhamos a noite. Pode ser um eterno desconsolo. Horas e horas de angústia. Pode ser a ocasião de um sonho gostoso à sombra de Deus. Hoje, quando tudo parece estar na escuridão da crise de identidade. Nós religiosos também vivemos a noite de nossas buscas de sentido. Procuramos e, às vezes, não encontramos.

Para rezar: Salmo 12

Diante de um mundo que carece de justiça, verdade e fraternidade, o cristão deve aclamar a Deus para que seu coração seja sincero. Maria, mãe do Perpétuo Socorro, está sempre pronta para nos ajudar a vencer o pecado.

**— Mãe do Perpétuo Socorro,
afaste-me de todo mal.**

Socorro, Senhor! Os bons estão acabando, está sumindo a lealdade entre os homens. Falam mentiras uns aos outros, usam uma linguagem enganadora, de coração hipócrita. O Senhor exterminará toda boca mentirosa, e a língua que fala com arrogância; aqueles que dizem: por nossa língua somos fortes, o que falamos está em nosso poder: quem é que manda em nós!

— **Virgem do Socorro, ajude-me
a evitar o julgamento dos outros.**

Por causa da miséria dos pobres, por causa do gemido dos necessitados, agora mesmo me levantarei, diz o Senhor, e levarei a salvação a quem a desejar. As promessas do Senhor são sinceras, como prata refinada, sete vezes depurada. Tu, Senhor, nos proteges, para sempre nos livrarás dessa gente.

— **Mãe do Perpétuo Socorro,
afaste-me de todo mal.**

Os ímpios vagueiam por toda a parte; vai crescendo a vileza dos mortais.

— Virgem do Socorro, ajude-me
a evitar o julgamento dos outros.

CONCLUSÃO

Na verdade não gostaria de concluir. Muitos outros elementos ficam ainda na profundidade. Acredito que o "para sempre", no finalzinho do *Magnificat*, é um convite a sermos continuadores deste cântico. Ele representa um processo de amadurecimento da fé vivido na expectativa do Reino. Deus vai elaborando nossas vidas e nos faz conscientes disso. O fato de fazermos parte do grande Mistério da Salvação já nos coloca dentro deste longo itinerário de fé que o cristianismo vem desenvolvendo nos séculos.

Em cada cristão, religioso, padre, bispo, existe o desígnio salvífico de Deus expresso na sensibilidade de ver o rosto de Jesus Cristo nas faces humanas sofridas, feridas, abandonadas, excluídas. Para nós, o desafio torna-se uma provocação: sermos hoje continuadores deste projeto de Deus. Hoje é o tempo propício do advento do

Reino. Hoje é o tempo da graça. Hoje é o tempo da apresentação. Para você que vive a expectativa da consagração, recomendo a reflexão deste livro e espero que você seja o autor do próximo. O belo de tudo isso é poder repetir sempre: "O Senhor fez em mim maravilhas, santo é seu nome!"

Para você que já vive a *fidelidade na criatividade*, nas muitas responsabilidades inerentes de sua vida cristã e religiosa, espero que estas páginas ajudem a rever sempre o Primeiro Amor, que chamou e continua chamando, tendo Maria como mestra.

BIBLIOGRAFIA

Bíblia Sagrada. Tradução da CNBB, 2001.

Celam. *Puebla, a evangelização no presente e no futuro da América Latina.* Petropólis, Ed. Vozes, 5ª ed., 1983.

João Batista Libânio. *As lógicas da cidade: o impacto sobre a fé e sob o impacto da fé.* São Paulo, Ed. Loyola, 2001.

_____ . *Olhando para o futuro, prospectivas teológicas e pastorais do Cristianismo na América Latina.* São Paulo, Ed. Loyola, 2003.

João Paulo II. *Carta Apostólica Mulieris Dignitatem.* São Paulo, Paulinas, 4ª ed., 2000.

José Comblin. *O Povo de Deus.* São Paulo, Paulus, 2002.